BEI GRIN MACHT SICH IHR WISSEN BEZAHLT

Philipp-Michael Hebel

Wer war Sabbatai Zwi?

GRIN Verlag

Bibliografische Information der Deutschen Nationalbibliothek:

Die Deutsche Bibliothek verzeichnet diese Publikation in der Deutschen National-
bibliografie; detaillierte bibliografische Daten sind im Internet über http://dnb.d-
nb.de/ abrufbar.

Impressum:

Copyright © 2009 GRIN Verlag GmbH
Druck und Bindung: Books on Demand GmbH, Norderstedt Germany
ISBN: 978-3-656-57576-4

Dieses Buch bei GRIN:

http://www.grin.com/de/e-book/263022/wer-war-sabbatai-zwi

GRIN - Your knowledge has value

Der GRIN Verlag publiziert seit 1998 wissenschaftliche Arbeiten von Studenten, Hochschullehrern und anderen Akademikern als eBook und gedrucktes Buch. Die Verlagswebsite www.grin.com ist die ideale Plattform zur Veröffentlichung von Hausarbeiten, Abschlussarbeiten, wissenschaftlichen Aufsätzen, Dissertationen und Fachbüchern.

Besuchen Sie uns im Internet:

http://www.grin.com/

http://www.facebook.com/grincom

http://www.twitter.com/grin_com

Sabbatai Zwi war der erfolgreichste Messias nach Jesus Christus und zog mit seinem nach ihm benannten Sabbatianismus einen Großteil der jüdischen Glaubensgemeinde des ausgehenden siebzehnten Jahrhunderts in seinen Bann. In diesem Essay soll nun der Frage nachgegangen werden, wie es ihm möglich war zu diesem herausragenden Messias und religiösem Führer zu avancieren. War es eine eigenständige, nur aus dem Antrieb seiner eigenen Gedanken und Aktionen erbrachte Leistung. Oder bekam er Hilfe von anderen Personen oder besonderen Umständen. Außerdem sollen die Folgen für die jüdische Glaubenswelt im Hinblick auf den Aufstieg und das abrupte Ende des Messiasdaseins durch den Übertritt Zwis zum Islam dargestellt werden.

Die Grundlage und Voraussetzung für eine Tauglichkeit als Messias ist möglicherweise in dem Umstand einer psychischen Erkrankung Zwis zu ergründen. Ein Zustand, der nach heutigen medizinischen Erkenntnissen als „manisch-depressiv" beschrieben werden würde, doch damals eine große Unbekannte darstellte. Das heißt er schwankte emotional zwischen zwei Extremen, die sich, mit Zwischenphasen von „normalen" Zuständen, abwechselten. Diese Extreme waren einerseits von übersteigerten Glücksgefühlen und Euphorie, andererseits von tiefen Depressionen und Angstzuständen geprägt. Allerdings schadeten sie weder seinem Intellekt noch wirkten sie sich vernichtend auf seine Persönlichkeit im seelischen Normalzustand aus, sondern veränderten sie lediglich und fungierten somit nicht als Störfaktor für seine Messias-Laufbahn. Im Gegenteil basierten seine Lehren auf genau diesen Abwechslungen von außerordentlichen Geisteszuständen. Folglich fassten seine Anhänger diese auch als außergewöhnliche Erscheinungen göttlichen Ursprungs auf und nicht als Geisteskrankheit. Darüber hinaus ordneten sie ihnen theologische Begriffe wie z.B. „Erleuchtung" für die manischen oder „Fallen" für die depressiven zu. Im depressiven Zustand beging er schwere Sünden und Ketzereien. So sprach er den Namen Gottes im vollen Umfang aus oder beging sexuelle Verfehlungen. Im manischen hatte er eine enorme Anziehungskraft auf die Menschen in seiner Umwelt und viel Charisma. Aber die wichtigsten Handlungen im Hinblick auf den Sabbatianismus und dessen religiöser Struktur bildeten die erstgenannten Handlungen. In ihnen spiegelt sich der stark antinomistisch geprägte Charakter der Bewegung wider. Sünden werden heilig gesprochen und alles was bis dahin vom Religionsgesetz als richtig dargestellt wurde war nun falsch und wurde missachtet. Und in genau diesem Beitrag zum Sabbatianismus, nämlich den antinomistischen Handlungen, begangen als eine Art „heiliger Sünder", sowie der charismatischen und magnetisierenden Persönlichkeit, ist wohl schon der größte, von Sabbatai Zwi vollkommen selbst erbrachte zu sehen. Aber ohne die Unterstützung eines

1

jungen Mannes, welchen er in den 1670er Jahren in Jerusalem, seiner damaligen Wohnstätte traf, hätte er es wohl nie zu einem bedeutenden religiösen Führer, geschweige denn zu einem Messias, geschafft. Dieser Mann war Nathan von Gaza, damals Student des Talmuds. Diesen überkam nach eigenen Angaben eine Vision, in der ihm von Gott befohlen wurde zum Propheten von Sabbatai Zwi zu werden, allerdings erst wenn dieser sich selbst in Gaza offenbare und als Messias auftrete. Zu diesem Schritt regte er in dann höchstpersönlich an, nachdem dieser zu ihm kam, um bei ihm Heilung für seine krankhaften Zustände zu finden. Nathan von Gaza und Sabbatai Zwi ergänzten sich in ihren jeweiligen Charakterzügen optimal. Ersterer sprühte vor Tatendrang, Kreativität und literarischem Genie. Zwis Eigenschaften wurden ja bereits im Verlaufe des Textes erörtert. Erst Nathan von Gaza gab ihm das Selbstvertrauen und den entscheidenden Anstoß sich der Welt als Messias zu offenbaren. Des Weiteren trägt Nathan von Gaza die wichtige theologische Begründung der neu entstandenen Bewegung bei. Er übt sich zwar nicht selbst in der praktischen Anwendung des Antinomismus, jedoch deutet er ihn und passt die Theologie des Sabbatianismus den anormalen Gemütszuständen und den daraus resultierenden unorthodoxen Handlungen Sabbatai Zwis an. Dessen Persönlichkeit vergleicht er mit der des Hiobs aus der biblischen Geschichte. Seine Manien und Depressionen werden kabbalistisch interpretiert. Darüber hinaus weist er diesen eine mystische Bedeutung zu. In diesen geht er z.B. von einem Urraum, angefüllt mit hylischen, formlosen Kräften, aus, denen der Mensch durch Taten Gestalt verleihen muss, da dieser ohne Gestalt ein Lager für das Dunkle und Schlechte ist. Dämonische Mächte wohnen in ihm. Durch das sogenannte „göttliche Licht" sollte dann dem Urraum Gestalt gegeben werden. Auch die Seele des Messias befand sich, der Sage nach, in diesem Licht. Jedoch stürzten Funken von diesem Licht schon in den Anfängen der Schöpfung beim „Bruch der Gefäße", dessen Begriffsbestimmung den Rahmen dieses Essays sprengen würde, hinab in die Tiefen der Dunkelheit und des Bösen und sind seit dem dort gefangen. Die dort ansässigen Schlangen versuchen immer wieder die heilige Seele des Messias zu verführen und kämpfen mit ihr. Am Ende dieses Kampfes steht die Perfektion der Seele des Messias in deren Folge sie sich in einem menschlichen Träger, also Sabbatai Zwi, dem Menschengeschlecht offenbaren wird. Hier sieht man die Parallelen zu Zwis schwankenden emotionalen Zuständen ganz deutlich. Zum Einen der Abfall in die Dunkelheit und Frevlerei sowie das ständige Verführt Werden zu ketzerischen Taten, was stellvertretend für die depressiven Zustände steht. Und zum Anderen das Aufsteigen zur göttlichen Gesandtschaft durch das Erreichen von Perfektion, was wiederum für die manischen steht.

Abschließend sollen nun die Auswirkungen der oben genannten Umstände sowie die Folgen der plötzlichen Apostasie des Messias für die sabbatianische Bewegung im Einzelnen und das Judentum im Allgemeinen aufgeführt werden. Der Sabbatianismus stellt die erste weitreichende Auflehnung gegen das orthodoxe Judentum aus dessen Inneren seit dem Mittelalter dar und ebnete, neben diversen anderen Faktoren, durch seine stark mystische Prägung sowie seinen umstürzlerischen und nihilistischen Charakter den Weg zur Aufklärung und Reform des Judentums im neunzehnten Jahrhundert. Dementsprechend forsch war der Widerstand der der Bewegung von Seiten der Orthodoxen entgegen gebracht wurde. Solche Anhänger Zwis, die sich weigerten von dem Glauben an seine messianische Gesandtschaft abzurücken, wurden auf das Schärfste verfolgt. Schriften sabbatianischen Ursprungs wurden zerstört. Des Weiteren wurde nach der erfolgreichen Ausmerzung des Sabbatianismus versucht, ihn nachträglich in seinen Wirkungskreisen harmloser darzustellen als er tatsächlich war. Außerdem wurden klare Trennlinien zwischen den neuen „Ketzern" und den alteingesessenen frommen Orthodoxen gezogen. Dies ist aber stark anzuzweifeln, da in manchen gemäßigten Ausprägungen des Sabbatianismus der neue sabbatianische und der alte rabbinische Glaube ineinander flossen und, darüber hinaus, zahlreiche Rabbiner heimliche Anhänger der messianischen Bewegung waren. Noch lange nach dem Verschwinden des Sabbatianismus trauten sich viele angesehene Familien nicht ihre Abstammung von Anhägern des Sabbatianismus öffentlich preiszugeben. Aber der Sabbatianismus stellte nicht nur für das orthodoxe Judentum eine Gefahr dar. Nachdem sich die Bewegung über große Teile Europas bis in muslimisch beherrschte Gebiete wie dem Jemen, der Türkei und Ägypten ausgebreitet hatte, sahen auch die dortigen Herrscher in der immer größer werdenden Anhängerschaft Sabbatai Zwis eine Bedrohung für ihre Machtansprüche und sahen die Gefahr einer Revolte, die zum Sturz ihrer Regierung hätte führen können. Infolgedessen berief man Zwi im September des Jahres 1666 an den Hof des Sultans in Adrianopel, wo man ihn vor die Wahl zwischen der Todesstrafe oder dem Übertritt zum Islam stellte. Zwi entschied sich für die zweite Variante. Die Folgen dieser Apostasie und die Reaktionen seiner Anhänger waren unterschiedlich. Natürlich sagten sich ein Großteil von ihm und seinen Lehren ab und sahen in ihm einen Verräter. Aber einige hielten ihm weiterhin die Treue. Es bleibt jedoch die Frage warum dies einige taten und weshalb der sabbatianische Messianismus nicht, wie andere ähnliche Bewegungen zuvor, einfach zusammen mit seinem Begründer verschwand und in Vergessenheit geriet. Womöglich lag der Hauptgrund dafür in der Unterscheidung des realgeschichtlichen Geschehens von der Ebene des reinen, mystisch geprägten Glaubens an den Messias und einer emotionalen Identifikation mit ihm. Sie verdrängten das Geschehene sozusagen und lebten in einer paradoxen Scheinwelt weiter, da sie nicht akzeptieren wollten, dass sie auf Sand gebaut hatten und glaubten fortan an einen abtrünnigen Messias. Die sabbatianischen Gelehrten passten ihre Deutungen den neuen Gegebenheiten an und entwickelten ein theologisches System mit paradoxem Kern.

An dem Beispiel von Sabbatai Zwi und der von ihm inspirierten Bewegung zeigt sich, dass eine herausragende Führungspersönlichkeit, egal ob sie im religiösen, politischen oder einem anderen Sektor tätig ist, in erster Linie von ihrer Ausstrahlung und ihrem außergewöhnlichen Charisma in diese Position gebracht und in ihr gehalten wird. Attribute wie Bildung oder Sittsamkeit treten weit hinter diese zurück und bleiben eher unwichtig und von den Anhängern unbeachtet. Allerdings ist ein charakterstarker Führer im Umkehrschluss auf Hintermänner angewiesen, die seinen Vorstellungen durch Ausgestaltung von Ideologien bzw. Theologien Gehalt geben und diese seinen Taten und Reden anpassen oder ihn, wie im vorliegenden Fall, durch ihre Hilfe und Antriebskraft überhaupt erst in dieses oberste Amt hieven.

Quellen

Scholem, Gershom: Sabbatai Zwi, Der mystische Messias, Frankfurt a. M. 1992

Scholem, Gershom: Die jüdische Mystik in ihren Hauptströmungen, Zürich 1957